Edgar Allan Poe

Double assassinat dans la rue Morgue
et La lettre volée

Ad _____ che
_____ nno

Chargée de projet et réviseure linguistique
Sylvie Racine

Correcteur d'épreuves
Pierre-Yves L'Heureux

Coordonnatrice aux réalisations graphiques
Sylvie Piotte

Édition électronique
Édiflex inc.

Sources des photographies
CORBIS, p. 23, 47 : Bettmann ; **LIBRARY OF CONGRESS**, p. 41, 43, 44, 45, 48 : Prints and Photographs Division, Washington.

ÉDITION ORIGINALE :
Double assassinat dans la rue Morgue et *La lettre volée*, Edgar Allan Poe
© 2007 Black Cat Publishing, Canterbury,
une division de Cideb Editrice, Gênes

ÉDITION POUR LE CANADA :
© ÉDITIONS DU RENOUVEAU PÉDAGOGIQUE INC., 2011

DANGER

LE **PHOTOCOPILLAGE** TUE LE LIVRE

E RPi Éducation ▸ Innovation ▸ Passion

5757, rue Cypihot, Saint-Laurent (Québec) H4S 1R3 ▸ **erpi.com**
TÉLÉPHONE : 514 334-2690 TÉLÉCOPIEUR : 514 334-4720 ▸ erpidlm@erpi.com

Dépôt légal – Bibliothèque et Archives nationales du Québec, 2011
Dépôt légal – Bibliothèque et Archives Canada, 2011

Imprimé au Canada   234567890 HLN 15 14
ISBN 978-2-7613-4106-6   13078   CM16

Sommaire

L'histoire *Double assassinat dans la rue Morgue* est intégralement enregistrée.

Edgar Allan Poe

Edgar Poe naît à Boston (États-Unis) en 1809. Ses parents, acteurs ambulants, meurent de tuberculose quand il n'a que trois ans. Adopté par un riche marchand de Richmond (Virginie), John Allan, Edgar s'attache très vite à sa mère adoptive.

En 1815, la famille part s'installer en Grande-Bretagne, et Edgar entre au collège. De retour en Virginie, il poursuit ses études dans une école privée où il est un élève brillant.

En 1826, il s'inscrit à l'université. Malgré d'excellents résultats, il doit renoncer à poursuivre ses études, car son père adoptif, qui ne supporte pas son mode de vie de dandy (homme qui cultive l'élégance de manières et d'esprit), refuse de continuer à subvenir à ses besoins. À la même époque, Poe commence à jouer et à boire de façon excessive. L'année suivante, il s'installe à Boston où il publie son premier recueil de poèmes *Tamerlan et autres poèmes* (1827), qui passera totalement inaperçu. Très affecté par la mort de sa mère adoptive, il s'engage peu après dans l'armée fédérale, mais il en est expulsé quelques mois plus tard.

En 1829, il publie le poème *Al Aaraaf*. Il s'installe chez la sœur de son vrai père et épouse Virginia Clemm, sa jeune cousine. Virginia est atteinte de tuberculose, et elle mourra quelques années plus tard, victime d'une hémorragie à la gorge pendant une séance de chant. Poe en gardera l'obsession du sang.

Il devient directeur littéraire de la revue *Southern Literary Messenger*, mais sa carrière est constamment interrompue par ses crises d'alcoolisme. Il publie des nouvelles dont *Tales of the Grotesque and Arabesque* (1840).

Edgar Allan Poe est considéré comme le maître des contes d'enquête (*Le mystère de Marie Roget* et *Le joueur d'échecs de Maelzel*) et des contes de « ratiocination » (raisonnement vain et exagéré), comme il les appelait lui-même (*La lettre volée*, *Double assassinat dans la rue Morgue* et *Le scarabée d'or*). Ce sont eux qui le rendent célèbre, révèlent son goût pour la cryptographie et font de lui le précurseur du roman policier.

Le poème *Le corbeau*, paru dans le journal *The Evening Mirror* en 1845, lui apporte le succès financier. Ce poème est l'exemple parfait du lyrisme affectif et de la symbolisation mystique de l'auteur.

Poète, conteur et romancier, cet « écrivain maudit », partagé entre le bien et le mal, meurt à Baltimore en 1849, à la suite d'une crise de *delirium tremens* (délire causé par une consommation excessive d'alcool).

Poe a inspiré le peintre Manet et le poète Mallarmé. Mais c'est grâce à Charles Baudelaire, qui consacra 17 ans de sa vie à lire, traduire et publier ses textes, que Poe devient célèbre en France.

Charles Baudelaire

Charles Baudelaire naît à Paris en 1821. Il n'a que six ans lorsque son père meurt. Sa mère se remarie avec un militaire, le général Aupick. Baudelaire déteste cet homme au caractère rigide et aux valeurs très différentes des siennes. Alors que ses parents souhaitent qu'il devienne ambassadeur, Baudelaire ne rêve que d'une chose : devenir poète. À Paris, il mène une vie de dandy que ses parents jugent scandaleuse. Ils décident donc de l'envoyer aux Indes. Ce voyage va inspirer les premiers poèmes de Baudelaire. En 1847, il découvre Edgar Allan Poe, et voit en lui une sorte de frère spirituel. À partir de ce moment-là, il consacre une partie de son temps à traduire les textes de l'écrivain américain. Pour vivre, Baudelaire est journaliste et critique d'art. En 1857, il publie le recueil des *Fleurs du mal*. Un procès en moralité est intenté contre lui et il est condamné pour « outrage à la morale publique et aux bonnes mœurs ». La seconde édition paraîtra quatre ans plus tard… avec six poèmes en moins !

Les fleurs du mal est la seule œuvre qu'il publie de son vivant, les autres ne le seront qu'à titre posthume. Poète « écorché vif », fasciné par le mal, et en totale opposition avec la société qui l'entoure, Baudelaire ne sera jamais reconnu de son vivant. Atteint de syphilis, rongé par l'abus d'alcool et de drogue, il meurt à Paris, en 1866.

Double assassinat dans la rue Morgue

CHAPITRE 1 Un assassinat extraordinaire

Ce fut pendant le printemps 18..., alors que je séjournais à Paris, que je connus Auguste Dupin. Il provenait d'une famille illustre mais, à la suite de revers de fortune, il n'était plus riche et vivait de façon très simple, sans luxe, parmi les livres qui étaient l'unique chose qui l'intéressait.

Ce fut dans une obscure librairie, rue Montmartre, alors que chacun de nous était à la recherche du même livre, un ouvrage rare et important, que nous nous rencontrâmes. J'écoutai, fort intéressé, l'histoire de sa famille. Je fus étonné par l'étendue de ses lectures et enthousiasmé par sa fervente imagination.

Je lui avouai combien sa compagnie me serait précieuse pendant mon séjour à Paris et c'est ainsi que nous décidâmes de partager le même appartement, dans un vieil immeuble grotesque du quartier Saint-Germain, sur lequel couraient des histoires bizarres que nous ne prîmes pas en considération.

Nous n'avions donné notre adresse à personne, notre isolement était parfait, et je commençais à partager avec Dupin son goût et son enthousiasme pour la nuit. Dès que l'aube pointait, nous fermions les lourds volets, allumions deux chandelles et continuions à converser ou à lire pendant des

Double assassinat dans la rue Morgue

heures jusqu'à ce que vienne la vraie nuit. Alors, Dupin et moi sortions, nous parcourions les rues de la ville populeuse, en observant les choses et en stimulant notre imagination. C'est au cours d'une de ces promenades que je découvris l'incroyable habileté analytique d'Auguste Dupin. Il me déclara alors qu'il était capable de voir directement dans le cœur et dans l'esprit des autres, ce que je ne crus tout d'abord pas, mais je devais changer d'avis. Un jour où je lisais la *Gazette des Tribunaux*, mon attention fut attirée par le titre suivant :

MEURTRES INCROYABLES

Ce matin, vers trois heures, les habitants du quartier Saint-Roch ont été réveillés par des cris terrifiants qui semblaient venir du quatrième étage d'une maison de la rue Morgue. La maison était habitée par une certaine madame L'Espanaye et sa fille Camille. Après un temps assez long, des voisins et un gendarme ont réussi à ouvrir, avec un pied-de-biche[1], la lourde porte. Pendant tout ce temps, les cris avaient cessé mais, tandis que le groupe gravissait[2] la première rampe,

---

1. **Un pied-de-biche** : outil qui sert à arracher les clous.
2. **Gravir** : monter.

on pouvait distinguer, provenant de la partie supérieure de la maison, deux ou plusieurs voix de personnes qui se disputaient violemment.

Arrivés au deuxième étage, les témoins n'entendirent plus rien. Parvenus enfin au quatrième, les voisins et le gendarme se précipitèrent dans toutes les pièces. Une chambre sur l'arrière de la maison était fermée de l'intérieur, la clé dans la serrure. La porte forcée, le spectacle qui s'offrit était horrible.

Le désordre était indescriptible, les meubles, brisés, et le matelas du lit, jeté au milieu de la pièce. Sur une chaise, il y avait un rasoir couvert de sang. Dans la cheminée, deux ou trois mèches de cheveux gris, pleines de sang, semblaient avoir été arrachées. On a retrouvé sur le sol des napoléons[1], une boucle d'oreille en topaze, trois cuillers en argent et deux sacs contenant quatre mille francs en or. Les tiroirs du bureau avaient été renversés. Par terre, sous le matelas, on trouva un petit coffre en fer qui contenait de vieilles lettres sans intérêt.

Aucune trace de madame L'Espanaye, mais la présence d'une quantité considérable de suie[2] dans le foyer de la cheminée attira l'attention. Horreur ! On a trouvé dans le conduit de la cheminée le cadavre de Camille L'Espanaye, la tête en bas. La jeune fille a d'abord été étranglée.

Après avoir cherché en vain madame L'Espanaye, le gendarme s'est rendu dans la cour derrière la maison et y a trouvé le corps de la vieille dame, le cou complètement tranché. Le mystère qui entoure ce double crime reste, pour le moment, complet.

---

1. **Un napoléon** : monnaie d'or où figure le portrait de Napoléon III, le premier président de la République française.
2. **La suie** : matière noire qui se dépose dans les conduits des cheminées.

CHAPITRE 2 | Les témoins

Le jour suivant, le journal reportait les déclarations de témoins
dans l'article que voici :

La tuerie[1] de la rue Morgue

Pauline Dubourg, blanchisseuse[2], a déclaré qu'elle
connaissait les deux victimes depuis trois ans, depuis qu'elle
lavait leur linge[3]. Les deux femmes semblaient bien
s'entendre. Elles payaient bien, mais Pauline Dubourg était
incapable de dire de quoi les victimes vivaient. Le bruit
courait[4] que madame L'Espanaye lisait l'avenir pour joindre
les deux bouts. Certaines pièces de la maison étaient sans
meubles, elle l'avait constaté en allant rapporter le linge et
elle n'avait jamais rencontré personne, à part les deux
femmes, dans la maison. Elles n'avaient pas de domestiques.

1. **Une tuerie** : un massacre.
2. **Une blanchisseuse** : personne qui lave et repasse les vêtements.
3. **Le linge** : tissu, vêtements.
4. **Le bruit court que** : on raconte que.

Les témoins

Pierre Moreau, marchand de tabac, a déclaré qu'il vendait de petites quantités de tabac à priser à la vieille dame. Il habitait dans le quartier depuis toujours et les victimes s'y étaient installées six ans plus tôt. Auparavant, la maison était habitée par un bijoutier qui sous-louait les pièces supérieures. Les deux femmes vivaient très retirées et il n'avait vu franchir la grosse porte que par un garçon de courses[1], deux fois, et le docteur, une dizaine de fois.

Isidore Muset, gendarme, a déclaré qu'on l'avait appelé vers trois heures du matin et qu'il avait trouvé devant la porte une vingtaine de personnes environ qui essayaient d'entrer. Finalement, on avait réussi à forcer la porte, non pas avec un pied-de-biche comme on avait dit, mais avec une baïonnette. Pendant tout ce temps, les cris avaient continué, puis cessé brusquement. Il s'agissait de cris d'une ou plusieurs personnes, des cris terrifiés et prolongés. Arrivé sur le palier du premier étage avant tout le monde, il a entendu deux voix aiguës qui discutaient. Une voix était aigre et l'autre, beaucoup plus stridente, était une voix étrange. La voix aigre n'était pas celle d'une femme. Il a entendu prononcer les mots «sacré» et «diable». La deuxième voix était celle d'un étranger, un Espagnol peut-être.

---

1. **Un garçon de courses** : personne chargée de porter les paquets et les lettres.

Double assassinat dans la rue Morgue

Henri Duval, un voisin, confirme le témoignage du gendarme, mais, selon lui, la voix stridente était celle d'un Italien. Il l'a compris par l'intonation. Cela pouvait être la voix d'une femme, mais ce n'était cependant pas la voix d'une des victimes, car il avait quelquefois conversé avec elles et il connaissait leurs voix.

Odenheimer, restaurateur hollandais qui passait dans la rue au moment du drame.

Interrogé par l'intermédiaire d'un interprète, il a confirmé les dires des autres témoins mais n'est pas d'accord sur la deuxième voix. À son avis, il s'agissait de la voix d'un homme, un Français. Il n'a pu distinguer les mots qui étaient aigus, rapides et inégaux. La voix était rauque et non pas stridente. La première voix a dit les mots « sacré », « diable » et « mon Dieu ».

Jules Mignaud, propriétaire de la société bancaire « Mignaud et Fils », a déclaré que madame L'Espanaye avait des biens. Elle avait ouvert un compte dans sa banque huit ans auparavant, sur lequel elle déposait souvent de petites sommes, mais d'où elle n'avait jamais retiré d'argent, sauf trois jours avant sa mort. Elle avait ainsi retiré 4000 francs en or qu'un employé avait apportés chez elle.

Les témoins

Adolphe Le Bon, employé chez Mignaud et Fils, a déclaré que le jour en question, vers midi, il a accompagné madame L'Espanaye chez elle avec les deux sacs contenant l'argent. Mademoiselle L'Espanaye a ouvert la porte et pris un des sacs tandis qu'il saluait et s'en allait. La rue, isolée, était déserte à ce moment-là.

William Bird, tailleur, Anglais, vit à Paris depuis deux ans. Il a été un des premiers à entrer dans la maison et à monter l'escalier. Il a entendu les deux voix. La voix aigre était celle d'un Français. Il a entendu distinctement les mots « sacré » et « mon Dieu ». On aurait dit que plusieurs personnes étaient en train de lutter. La voix stridente n'appartenait pas à un Anglais. Un Allemand peut-être, et peut-être même une femme.

Il ne comprend pas l'allemand.

Au cours d'un autre interrogatoire, quatre de ces témoins ont déclaré que la porte de la pièce où a été retrouvé le corps de Camille L'Espanaye était fermée à clé de l'intérieur. On n'entendait plus rien et quand on a forcé la porte, il n'y avait personne d'autre dans la pièce. La fenêtre de la pièce qui donne sur la façade comme celle qui donne sur l'arrière de la maison étaient bloquées de l'intérieur.

La porte entre les deux pièces était fermée, mais pas à clé. La porte entre la pièce qui donne sur la façade et le couloir était fermée de l'intérieur. La porte d'une petite pièce qui donne sur la

Double assassinat dans la rue Morgue

façade était entrouverte. Cette pièce réduite était pleine de vieux lits et de boîtes. Tout a été rigoureusement examiné. Certains témoins ont déclaré que trois minutes se sont écoulées entre le moment où ils ont entendu les bruits de la dispute et le moment où la porte a été enfoncée, d'autres prétendent cinq.

Alonzo Carcio, employé des pompes funèbres, né en Espagne, habite dans la rue Morgue. Entré parmi les premiers, il n'est pas cependant monté avec les autres, car il avait trop peur. Il a déclaré par ailleurs que la première voix était celle d'un Français et la deuxième, celle d'un Anglais, il en est sûr, il a reconnu l'intonation bien qu'il ne sache pas l'anglais.

Alberto Montani, boulanger italien entré avec les premiers témoins, a assuré que la voix aigre était celle d'un Français et qu'on aurait dit qu'elle faisait des reproches ou bien qu'elle suppliait. Il n'a pas compris ce que disait la voix stridente qui parlait vite et par saccades[1] mais, à son avis, c'était du russe bien que, lui, n'ait jamais parlé avec un Russe.

Au cours d'un troisième interrogatoire, on a appris que des brosses de ramoneurs[2] avaient été enfilées dans les conduits étroits des différentes cheminées et qu'on s'était rendu compte qu'aucun individu ne pouvait y passer. D'ailleurs, le corps de

---

1. **Par saccades** : de façon brusque et irrégulière.
2. **Un ramoneur** : personne qui nettoie les conduits des cheminées.

Camille L'Espanaye était tellement encastré qu'on avait dû se mettre à cinq[1] pour le sortir du conduit.

Le docteur *Paul Dumas* a déclaré qu'il avait été appelé vers l'aube pour examiner les corps. On les avait allongés sur le sommier métallique.

Le corps de la jeune fille était couvert d'ecchymoses et d'excoriations, le cou était marqué par des griffes profondes. Camille avait été étranglée.

Tout le corps de la mère était horriblement mutilé et il était impossible de dire avec quoi les blessures avaient été provoquées, à part le cou, tranché probablement par un rasoir. N'importe quel objet lourd, manié par un homme très fort, aurait pu provoquer de telles blessures, alors qu'une femme n'y serait jamais parvenue.

Le docteur *Alexandre Étienne*, chirurgien, appelé comme le docteur Dumas, avait confirmé les déclarations de son collègue.

Le journal parlait encore de l'inquiétude des habitants du quartier Saint-Roch. Ce double assassinat restait le cas le plus étrange jamais vu à Paris. Les nouvelles perquisitions n'avaient rien donné.

---

1. **Se mettre à cinq** : unir les forces de cinq personnes.

CHAPITRE 3 Sur la scène du crime

C'est encore dans le journal que nous apprîmes qu'Adolphe
Le Bon avait été arrêté et mis en prison, bien qu'aucun élément
nouveau ne soit intervenu.

— La police parisienne est habile mais rien de plus, déclara
Dupin. Elle travaille sans méthode à part la méthode que le
moment exige. Les résultats qu'elle obtient ne sont souvent que
le fruit de la diligence et du travail acharné. Si ces deux éléments
manquent, sa stratégie s'écroule. C'est ainsi que Vidocq[1], homme
doté d'une grande persévérance et d'intuition, mais sans pensée
raffinée, se trompait aussi à cause de l'intensité excessive de ses
enquêtes. Sa vision était précisément affaiblie parce qu'il gardait
l'objet de son enquête trop près. Il observait un ou deux détails
mais passait à côté de la vue d'ensemble. C'est ainsi que les
choses finissent par devenir trop profondes, mais la vérité n'est
pas toujours au fond d'un puits. Je pense même au contraire que
la vérité se trouve à la surface des choses.

Il serait bon, continua mon ami, que nous puissions observer
nous-mêmes ces deux crimes. Le Bon m'a rendu un jour un grand

1.   **Vidocq** (1775-1857) : ancien détenu devenu policier.

service dont je lui suis toujours reconnaissant. Nous nous rendrons sur les lieux du crime. Je connais le préfet de police[1], il nous fera obtenir sans problème un laissez-passer.

C'est ainsi que nous nous rendîmes rue Morgue, en fin d'après-midi. La maison était semblable à beaucoup d'autres maisons parisiennes : une lourde porte avec, sur le côté, une loge de concierge. Avant d'entrer, Dupin voulut se rendre à l'arrière de la maison. Il examina tout, autour de lui, puis nous revînmes devant la maison. Au quatrième étage, nous trouvâmes — macabre surprise — les deux corps encore dans la pièce où fut découverte Camille L'Espanaye. La pièce était dans le désordre décrit dans la *Gazette des Tribunaux*. Dupin scruta tout, passa dans les autres pièces, accompagné par un gendarme.

Dupin attendit le lendemain pour me demander brutalement si j'avais remarqué quelque chose de particulier sur le lieu du crime.

— Rien de plus que ce qu'a rapporté la *Gazette*, répondis-je.

— La *Gazette* ! Mais la *Gazette* ne sait rien ! La police est déconcertée

1. **Le préfet de police** : chef de la police parisienne.

Double assassinat dans la rue Morgue

par le manque apparent de mobile et par l'atrocité du crime. En plus, elle ne réussit pas à concilier la présence des voix pendant la dispute et le fait que personne ne se trouvait dans la pièce à part la victime et qu'il était impossible d'en sortir sans se faire remarquer. Le désordre sauvage, le cadavre dans le conduit de cheminée, le corps mutilé de la vieille dame ont amené les policiers à confondre le caractère insolite avec le caractère obscur. Il ne faut pas se demander ce qui est arrivé, mais ce qui est arrivé qui n'est pas arrivé avant !

Je regardai Dupin, muet d'étonnement.

— J'attends une personne, continua Dupin, qui n'est pas, je pense, directement responsable de cette tuerie, mais qui y est impliquée quand même. J'attends cette personne, car je suis sûr qu'elle viendra.

Nous savons que tous les témoins entendirent deux voix qui se disputaient et que ces voix n'étaient pas celles des victimes. Une des deux voix pourrait être celle de l'assassin. Passons en revue les témoignages. N'avez-vous rien remarqué ?

Bon, tous les témoins ont déclaré que la voix aigre était celle d'un Français. Quant à la deuxième voix, tous les avis sont différents. La chose étrange n'est pas dans le fait qu'ils ne sont pas d'accord. La chose étrange est que chacun d'entre eux, c'est-à-dire un Anglais, un Espagnol, un Italien, un Hollandais et deux Français, déclare que la deuxième voix est celle d'un étranger. Chacun est sûr que ce n'est pas la voix d'un compatriote[1] et qu'il ne connaît pas la langue parlée par cette deuxième voix.

---

1. **Un compatriote** : personne du même pays.

Double assassinat dans la rue Morgue

Le Français déclara que c'était la voix d'un Espagnol, mais il ne connaissait pas l'espagnol. Le Hollandais ne parle pas le français, mais il est sûr que c'est un Français qui parlait. L'Anglais est persuadé que c'est un Allemand, et pourtant il ne connaît pas la langue allemande. L'Italien pense que c'est un Russe, cependant il n'a jamais eu l'occasion de parler avec un Russe !

Dupin poursuivit :

— Tous ces témoignages divergents nous font conclure qu'il s'agissait d'une voix très étrange. N'oublions pas non plus qu'un des témoins a déclaré que la deuxième voix était rauque et non pas stridente, contrairement aux autres ! Deux autres encore ont dit que la voix avait un rythme rapide et inégal. Aucun des témoins n'est en mesure de distinguer un seul mot prononcé par la deuxième voix.

Nous pouvons faire des déductions légitimes sur les deux voix et donner un tournant à cette enquête.

Dossier

Le psychiatre
Cesare Lombroso.

La criminologie : une nouvelle science du 19ᵉ siècle

L'anthropologie criminelle est l'étude des caractères anatomiques et biologiques des délinquants et des criminels. Cette science naît en Italie au 19ᵉ siècle. Le chef de file de cette science nouvelle est le psychiatre Cesare Lombroso. Les anthropologues et les criminologues du 19ᵉ siècle pensent que les mauvais penchants des individus sont visibles grâce à la forme de leur crâne.

Le professeur Lombroso s'intéresse tout particulièrement aux causes physiologiques et psychologiques de la criminalité. À partir de plusieurs traits de caractère observés chez différents criminels, il conclut que certaines caractéristiques sont typiques des assassins !

Leur portrait physique :

- asymétrie du crâne et du visage ;
- longueur excessive du visage ;
- front fuyant ;
- pommettes[1] développées ;
- anomalie des oreilles ;
- mâchoires proéminentes ;
- inégalité des yeux ;
- nez camus[2] ou tordu ;
- yeux et cheveux foncés ;
- manque de barbe mais sourcils touffus ;
- contractions nerveuses du visage ;
- silhouette longiligne avec des membres supérieurs démesurés.

D'autres criminologues pensent même que les criminels ont rarement les cheveux blancs ou bien qu'ils sont rarement chauves !

Tout le monde est cependant d'accord sur le fait qu'ils ont la partie occipitale (c'est-à-dire la zone de la sensibilité impulsive) plus développée que la région frontale (c'est-à-dire la région de l'activité intellectuelle et de la pondération).

Leur portrait moral :

Les criminels sont intelligents, vaniteux, imprudents et instables. Ils aiment le vin, le feu et la fête. Ils ont un goût exagéré pour la moquerie, les plaisanteries et ils aiment mentir. Insensibles aux sentiments des autres, et même à ceux de leur famille, ils sont incapables d'avoir des remords. Ils sont exagérément méthodiques et conformistes.

1. **Une pommette** : partie saillante de la joue qui se trouve sous l'œil.
2. **Un nez camus** : un nez court et aplati.

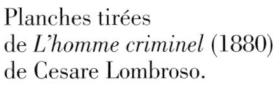

Planches tirées
de *L'homme criminel* (1880)
de Cesare Lombroso.

Impulsifs, ils éprouvent le
besoin d'assouvir tout de suite
un désir, sans penser aux conséquences.

On a également parlé de transmission directe du crime par hérédité
génétique. Déjà, dans l'Antiquité, on parlait de familles entières
déclarées impures et proscrites. La Bible parle de malédiction
«jusqu'à la cinquième génération» comme si un caractère criminel
pouvait «traverser et couvrir» cinq générations.

La science, à cette époque, déclare par ailleurs qu'un caractère très
marqué, dans le bien comme dans le mal, ne persiste pas au-delà de
la cinquième génération.

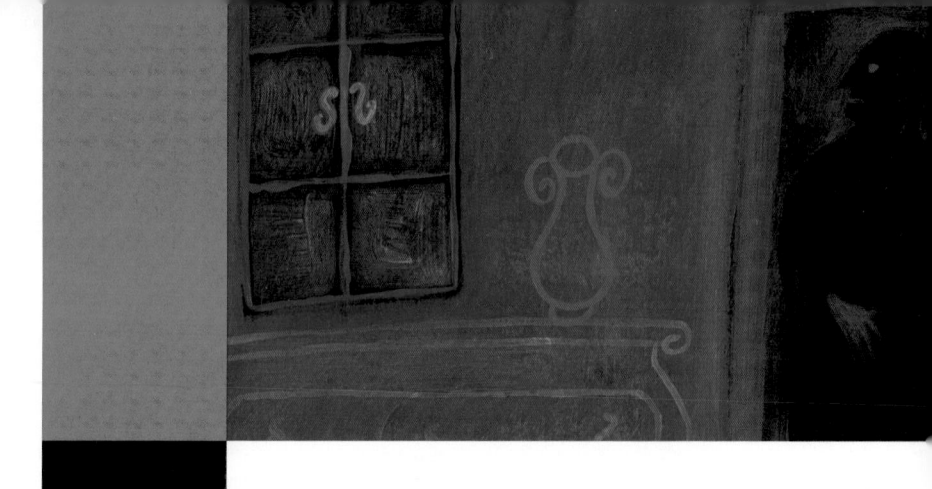

CHAPITRE 4 | Le mystère de la fenêtre

Imaginons que nous soyons dans la pièce de la rue Morgue. Quelle est la première chose que nous chercherions ? Le moyen par lequel les assassins se sont enfuis !

Examinons une à une les possibilités de fuite. Il est clair que l'assassin se trouvait dans la pièce où Camille L'Espanaye a été trouvée ou tout du moins dans la pièce d'à côté, pendant que le groupe de témoins montait l'escalier. C'est donc dans ces deux pièces que nous devons chercher les voies d'issue. La police a examiné le sol et les murs. Il n'y a pas de passage secret. J'ai voulu, moi aussi, m'en rendre compte. Les deux portes qui conduisent sur le couloir étaient fermées à clé, les clés à l'intérieur. Regardons les cheminées. Un chat ne pourrait y passer. Examinons maintenant les fenêtres. Par celles de la pièce qui donne sur la façade, personne ne pourrait sortir sans être remarqué par les gens qui passent dans la rue. Les assassins n'ont donc pu passer que par les fenêtres de la pièce qui donne sur l'arrière de la maison.

Il ne reste plus qu'à prouver que ce n'est pas aussi impossible que cela semble.

Le mystère de la fenêtre

Cette pièce a deux fenêtres semblables, « à guillotine »[1] ; la première fenêtre est parfaitement visible, alors que l'autre est en partie obstruée par le montant d'un lit volumineux. On a trouvé la première fenêtre bloquée de l'intérieur avec non seulement le système de fermeture à ressort traditionnel, mais aussi un gros clou enfoncé jusqu'à la tête dans un trou pratiqué à l'aide d'un vilebrequin, dans le châssis ; ceci pour empêcher la partie mobile de la fenêtre de coulisser[2] vers le haut. Un clou semblable est enfoncé dans le châssis de l'autre fenêtre.

La police a conclu, après avoir vérifié sur la première fenêtre, que si les parties mobiles des fenêtres pouvaient être éventuellement manœuvrées de l'extérieur, il était absolument impossible d'enfiler de nouveau, de l'extérieur, les clous dans les trous pratiqués dans le châssis, à l'intérieur. J'ai toujours pensé cependant que l'assassin n'avait pu sortir que par les fenêtres et je les ai donc examinées avec plus d'attention.

J'ai retiré avec beaucoup de difficulté le gros clou enfilé dans le châssis de la première fenêtre, mais il n'en a pas été de même pour le clou, en apparence semblable au premier, de la deuxième fenêtre. En effet, le deuxième clou est cassé à l'intérieur du châssis et j'ai retiré facilement la tête du clou. Une fois replacée, la tête de ce clou donne l'idée d'un clou entier. La cassure est rouillée et on doit donc penser qu'elle est ancienne.

Voici élucidée l'énigme de la fuite de l'assassin sorti par la fenêtre. Que la fenêtre se soit refermée toute seule ou que l'assassin l'ait refermée en sortant ne change rien au fait que la

---

1. **Une fenêtre à guillotine** : fenêtre munie d'une partie mobile qui s'ouvre de bas en haut.
2. **Coulisser** : glisser verticalement ou latéralement.

Double assassinat dans la rue Morgue

police, en la trouvant fermée, avec en plus les clous de sûreté, a pensé que l'assassin n'avait pu passer par là.

Le problème qui suit concerne la manière dont l'assassin a réussi à descendre du quatrième étage, le long du mur. Quand j'ai fait avec vous le tour de la maison, l'autre jour, j'ai remarqué qu'un câble de paratonnerre passe à environ un mètre soixante de la fenêtre. D'autre part, j'ai remarqué que le battant du volet se rabat du côté du câble. La police, qui a conclu qu'il était impossible de sortir par les fenêtres, à cause des clous, n'y a pas prêté attention. Il faut tenir compte encore de l'habileté inhabituelle de l'assassin.

Le mystère de la fenêtre

Rappelez-vous ! Nous avons été frappés par le fait insolite qu'il n'y a pas deux témoins d'accord sur la nationalité de la deuxième voix, et qu'aucun d'eux n'a été en mesure de reconnaître un seul mot prononcé par cette deuxième voix !

Ne perdez pas de vue que j'ai déplacé le problème sur le moyen d'entrer de l'assassin sur celui de sortir. Je suis persuadé qu'il a utilisé le même chemin, les deux fois.

Revenons pour l'instant à la pièce ! Pourquoi l'assassin a-t-il laissé 4000 francs en or sans toucher aux deux sacs qui se trouvaient sur le sol ? Le mobile ne peut être l'argent prélevé à la banque trois jours auparavant, et ce n'est qu'une simple coïncidence ! Si l'or avait été le mobile, alors il faudrait considérer l'auteur de ce double assassinat comme un véritable imbécile qui a tellement hésité qu'il a abandonné sur le lieu du crime l'or, et donc le mobile !

Il faut retenir trois points : la voix étrange, l'habileté extraordinaire et l'absence de mobile dans toute cette histoire affreuse.

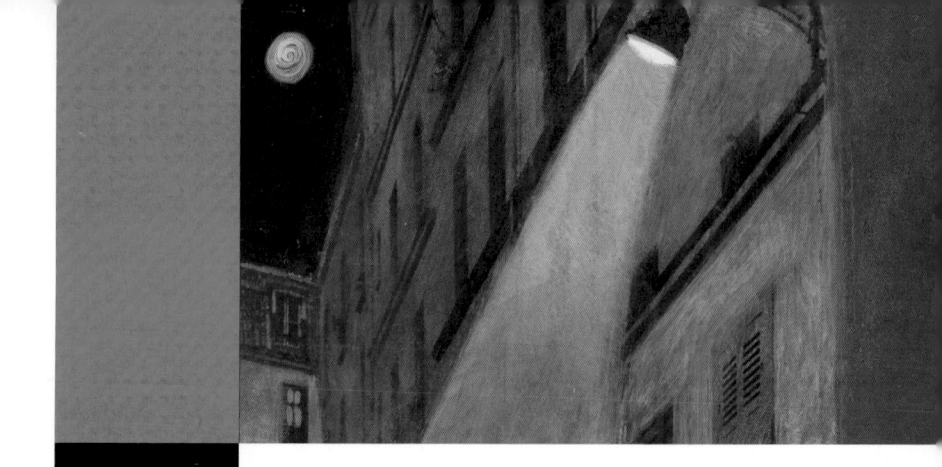

CHAPITRE 5 Hors du commun

— Rappelons-nous : une femme étranglée avec la seule force des deux mains, le corps enfilé dans le conduit de cheminée, la tête en bas. Les assassins communs ne tuent pas de cette façon et encore moins ils se débarrassent d'un cadavre comme ça !

L'assassin devait être d'une force surprenante, puisqu'il a fallu cinq hommes pour sortir le cadavre ! Et ce n'est pas tout ! Rappelons-nous les mèches de cheveux gris trouvées dans le foyer de la cheminée. Il faut une sacrée force pour arracher de telles mèches de cheveux avec les racines ! Puis, il y a l'histoire de la gorge tranchée. La gorge tranchée et détachée du reste du corps, et tout ça avec un simple rasoir ! Vous avez noté sans aucun doute la férocité animale de ces actions ! Les médecins ont parlé des ecchymoses sur tout le corps de madame L'Espanaye dues à un objet contondant. L'objet contondant est tout simplement le sol sur lequel a atterri le corps de la vieille dame, après être tombé du quatrième étage. La police n'y a pas pensé car, pour elle, les deux fenêtres étaient restées irrémédiablement fermées.

Nous avons un portrait complet de l'assassin : une habileté incroyable, une force surhumaine, une férocité de brute, aucun mobile raisonnable et une voix extrêmement insolite qui semble parler une langue étrangère à des personnes provenant de différents pays. Qu'en pensez-vous ?

— Je pense à un fou, à un malade mental qui s'est échappé d'un asile.

— C'est une idée intéressante, dit Dupin, mais les fous proviennent de toute façon de pays qui existent ! Il est vrai que leurs propos sont souvent incohérents, mais ils contiennent des mots reconnaissables. Et les cheveux des fous ne ressemblent pas à ce que je tiens dans ma main. J'ai trouvé ceci dans la main de madame L'Espanaye. Qu'en pensez-vous ?

— Mais Dupin, m'écriai-je, abasourdi[1], ce ne sont pas des cheveux humains !

— Je n'ai pas dit que cela en était, répondit Dupin, mais avant que nous décidions de leur vraie nature, je voudrais que vous jetiez un coup d'œil sur ce croquis. C'est la reproduction des marques des ecchymoses noires et des ongles qu'on a trouvées sur le cou de Camille L'Espanaye.

Si on applique la feuille de papier sur ce cylindre de bois, qui a le diamètre du cou de mademoiselle L'Espanaye, on a une idée de la disposition des doigts. Et maintenant, placez vos doigts sur les marques des doigts de l'assassin !

C'était impossible, les mains de l'assassin étaient trop grandes et les doigts trop longs !

— Ces empreintes ne sont pas celles d'une main humaine, dis-je.

— Lisez maintenant ce passage d'un livre d'éthologie[2], me dit Dupin en me tendant un ouvrage. C'était une description

---

1. **Abasourdi** : incrédule, très surpris.
2. **L'éthologie** : science qui étudie les comportements des espèces animales.

Double assassinat dans la rue Morgue

détaillée du grand orang-outan du Sud-Est asiatique.

Je connaissais sa taille gigantesque, sa force prodigieuse, sa férocité et son aptitude à imiter les sons et les gestes des êtres humains. Je mesurais toute l'horreur du double assassinat de la rue Morgue.

— Seul un orang-outan est capable de laisser de telles empreintes, et puis il y a la touffe de poils trouvée dans la main de madame L'Espanaye. Par ailleurs, les témoins ont entendu deux voix pendant la dispute, dont une était certainement la voix qui parlait français. Presque tous ont déclaré que cette voix prononçait les mots « mon Dieu ».

Je peux en déduire qu'un Français est au courant du double assassinat, mais qu'il est innocent. Il a pu suivre jusqu'à la maison de la rue Morgue les traces de l'orang-outan qui lui a échappé, mais, bouleversé par ce qui s'est passé, il n'a plus réussi à le capturer. L'animal est encore en liberté. Si le Français est innocent, comme je le crois, la petite annonce que j'ai laissée au journal *Le Monde* l'autre nuit l'amènera ici.

Il me tendit le journal et je lus :

Un énorme orang-outan de Bornéo a été capturé dans le bois de Boulogne, le... dans les premières heures du matin. Son propriétaire, après vérification, membre de l'équipage d'un bâtiment[1] maltais, pourra récupérer l'animal après avoir prouvé, sans erreur possible, qu'il lui appartient, et payer les frais occasionnés pour la capture et la garde de l'animal. S'adresser au n° ... de la rue ... Quartier Saint-Germain, troisième étage.

— Mais comment savez-vous, demandai-je, que le propriétaire de l'animal est un marin, et qui plus est de l'équipage d'un bâtiment maltais ?

— Je ne le sais pas, répondit Dupin, c'est-à-dire que je n'en suis pas sûr. J'ai trouvé, au pied du câble du paratonnerre, ce morceau de ruban qui a servi, de toute évidence, vu sa forme et sa saleté, à retenir des cheveux noués en queue de cheval, comme il est d'usage parmi les marins. D'autre part, ce type de nœud est rare et caractéristique des marins maltais.

Notre homme est innocent, continua Dupin, mais il est au courant de la tuerie. Il va sûrement hésiter avant de répondre à l'annonce et de réclamer l'orang-outan. Par ailleurs, il est pauvre

1. **Un bâtiment** : ici, bateau.

et il regrette de renoncer à un animal qui a une grande valeur. Pourquoi aurait-il peur ? Il doit se dire qu'il est innocent et qu'en plus, le singe a été retrouvé dans le bois de Boulogne, loin du lieu du double assassinat. La police piétine[1] et l'homme doit penser : « Même si on capture mon singe, personne ne pourra penser que je sais que l'animal est responsable. Et, même si on est persuadé que je le sais, personne ne peut m'accuser de complicité ! Mais quelqu'un connaît cependant mon existence. La personne qui a passé la petite annonce et qui m'indique comme le propriétaire de l'animal. Si je ne réponds pas à l'annonce et ne revendique pas une propriété qu'on sait de grande valeur, je fais tomber les soupçons sur l'orang-outan. Il ne faut pas que je fasse retomber les soupçons sur moi ni sur l'animal. Je dois répondre à l'annonce, récupérer mon animal et l'enfermer jusqu'à ce que toute cette histoire soit oubliée. »

---

1. **Piétiner** : ici, ne pas avancer dans ses recherches.

CHAPITRE 6 L'histoire d'un marin

Nous entendîmes des pas dans l'escalier. Le visiteur sembla 🎧 ensuite hésiter, car il redescendit des marches. Dupin alla rapidement vers la porte, mais nous entendîmes qu'il recommençait à monter. Il n'hésitait plus et se dirigeait vers la porte. Il frappa.

— Entrez, dit Dupin, d'une voix cordiale.

Un homme entra. C'était un marin, grand et musclé.

— Bonsoir, dit-il.

— Asseyez-vous. J'imagine que vous êtes venu reprendre l'orang-outan. Un très bel animal. Quel âge a-t-il?

— Je ne sais pas exactement, quatre ou cinq ans peut-être. Il est ici?

— Oh non! Nous ne pouvions pas le garder ici! Il est dans une écurie, près d'ici, rue Dubourg. Vous pourrez le reprendre dans la matinée.

— Merci, dit le marin. Bien entendu, je désire vous dédommager pour les problèmes que cela vous a posés.

— Ah, ça, c'est aimable! Que puis-je vous demander? Donc...

Voilà, ce que je vais vous demander: ce que vous savez sur le double assassinat de la rue Morgue.

Double assassinat dans la rue Morgue

Dupin avait prononcé ces mots à voix basse. Il alla à la porte et la ferma à clé. Ensuite, il retira un pistolet de sa poche et le posa tranquillement sur la table.

Le marin se leva, puis retomba sur la chaise, le visage blanc comme un linge.

— Monsieur, déclara Dupin sur un ton doux, soyez tranquille. Je suis persuadé que vous êtes innocent dans toute cette histoire de la rue Morgue, mais vous y êtes quand même pour quelque chose[1]. À cause de tout cela, un innocent est en prison et vous êtes le seul qui puissiez dire ce qui s'est passé !

— Je vais tout vous raconter, mais vous n'allez pas me croire !

Il demeura silencieux pendant quelques instants, puis il commença à raconter son histoire.

— Tout a commencé à Bornéo où notre bateau avait fait escale[2]. Un ami, marin sur le même bateau que moi, captura un orang-outan mais mourut peu de temps après. Je décidai de garder l'animal. De retour à Paris, j'emmenai l'orang-outan chez moi. Une nuit, alors que je rentrais chez moi, après avoir passé plusieurs heures dans un bar avec d'autres marins, je trouvai l'animal installé dans ma chambre, essayant de se faire la barbe devant un miroir, comme il m'avait vu faire si souvent ! J'étais terrifié en voyant le rasoir dans les mains d'un animal si dangereux ! Pendant quelques secondes je ne sus quoi faire, puis j'allai chercher le fouet avec lequel je réussissais à le faire obéir. Quand il aperçut le fouet, l'orang-outan courut vers la porte, descendit l'escalier, trouva une fenêtre malheureusement ouverte et s'échappa. Je courus après lui, rue après rue, pendant longtemps. Tout était désert et sombre.

---

1. **Y être pour quelque chose** : être en partie responsable.
2. **Une escale** : étape pendant un voyage en bateau ou en avion.

À un certain moment, il aperçut, dans une ruelle derrière la rue Morgue, de la lumière à l'étage d'une maison. Il courut vers cette maison et commença à grimper le long du câble du paratonnerre. En un instant, il arriva au quatrième étage, s'agrippa au volet et pénétra dans la pièce, par la fenêtre ouverte. D'un côté, j'étais soulagé en pensant qu'il ne serait pas difficile de récupérer l'animal, mais de l'autre, j'étais terrifié à l'idée de ce qu'il pouvait faire dans la maison. Je décidai donc de le suivre. Je réussis assez facilement à grimper le long du câble du paratonnerre mais, arrivé en haut, je ne pus pénétrer dans la maison car le volet était trop loin de moi. Je fus horrifié par les cris des deux femmes. Je peux imaginer la violence de ses actes, comment la vue du sang l'a rendu encore plus furieux et comment il a voulu cacher ses actions en cachant le corps d'une des victimes dans la cheminée et en jetant l'autre par la fenêtre. Quand il s'approcha de la fenêtre avec le corps de la vieille dame, je n'eus qu'une idée, redescendre, me sauver et rentrer chez moi, en laissant l'animal à son destin !

— Ainsi, les mots que les témoins entendirent dans l'escalier, c'était vos exclamations d'horreur ! ajoutai-je.

— Et la voix stridente, celle de l'orang-outan, ajouta Dupin.

Que dire encore ? Que l'orang-outan a dû ressortir par la fenêtre qu'il a refermée, est redescendu par le câble, quelques instants avant que les témoins ne forcent la porte de la chambre.

Le marin a récupéré lui-même son animal au jardin des Plantes[1], où il l'a finalement laissé contre une grosse somme d'argent. Quant à Dupin et moi, nous sommes allés chez le préfet de police raconter, à quelques détails près[2], comment les faits avaient dû se passer.

---

1. **Le jardin des Plantes** : jardin botanique à Paris.
2. **À quelques détails près** : en éliminant certains détails.

Dossier

L'Arc de Triomphe.

Paris au 19ᵉ siècle

Le 19ᵉ siècle s'ouvre à Paris avec de grands travaux d'aménagement en vue du sacre de Napoléon Iᵉʳ (1804).

Napoléon Bonaparte, premier consul et futur empereur, a depuis longtemps de grands projets pour la capitale qu'il veut grandiose, à la mesure de ses ambitions et de son orgueil.

Il décide donc de faire aménager la Seine, le fleuve qui traverse Paris, et de faire construire le pont des Arts, entièrement réalisé en métal.

Trois kilomètres de quais sont créés du musée du Louvre au jardin des Tuileries, autour de l'île de la Cité en particulier, ce qui incite les habitants à s'y promener.

On crée la rue de Rivoli, bordée d'arcades, de la place de la Concorde au Palais-Royal.

L'empereur entreprend la construction de l'Arc de Triomphe et de l'église de la Madeleine (dans le style néoclassique).

La population ayant augmenté, Napoléon Ier crée de nouveaux marchés et de nombreux abattoirs pour subvenir aux besoins des Parisiens.

Lorsque l'empereur est déchu, la monarchie désire reprendre ses droits. Les rois qui lui succèdent n'ont pas les projets grandioses de Napoléon Ier. Occupés à restaurer leurs privilèges, en face d'un peuple qui n'a pas l'intention de perdre les libertés acquises avec la révolution de 1789, les rois ralentissent les grands travaux dans la capitale, d'autant plus que l'Empire a laissé les caisses vides. Petit à petit, cependant, de nouveaux quartiers sont créés, dans Paris et en dehors des murs de la ville.

Grâce à de nouvelles adductions d'eau, l'hygiène s'améliore. De nombreux bains publics sont créés. Ils sont fréquentés par la classe bourgeoise, qui ne possède pas de salle de bains. Les médecins déconseillent cependant de prendre un bain plus d'une fois par mois! De nombreuses rues sont illuminées avec l'éclairage public au gaz. Les gens s'y promènent tard dans la nuit. Les cafés et les théâtres se multiplient. En plus des voitures à cheval, des fiacres et des cabriolets, apparaissent, dès 1828, des voitures publiques confortables qui desservent des lignes régulières.

Paris a des besoins alimentaires toujours plus importants. Malgré l'épidémie de choléra de 1832 (pendant le règne de Louis-Philippe), la population est en augmentation, d'autant plus que les nobles ayant émigré pendant la Révolution sont revenus en masse. La capitale subvient en partie à ses besoins grâce aux terrains cultivés dans ses murs et en dehors, grâce à ses vignes (on peut assister aujourd'hui à la fête du vin à Montmartre, qui possède encore une

La rue de Rivoli.

vigne d'où l'on tire, pour le souvenir, un petit vin aigrelet et...
imbuvable) et ses «vacheries» pour le lait.

Les marchés, les boutiques d'alimentation, les marchands de vin, les
cafés ordinaires, les cafés luxueux transformés en salons et les
restaurants prestigieux se multiplient.

On voit apparaître des bâtiments étranges le long de la Seine : des
espèces de barques avec un bassin au milieu, où des femmes, les
lavandières, lavent le linge et le font sécher sur le toit de ces
curieuses embarcations. Ce sont les « bateaux-lavoirs » des
blanchisseuses, installés le long de la Seine.

Les petits métiers et les artisans sont de plus en plus nombreux.

Mais voilà que la petite industrie apparaît. Elle produit dans ses
ateliers les fameux produits de luxe (parfums, dentelles...).

L'essor du chemin de fer va favoriser les échanges commerciaux, et
les grandes fortunes industrielles et bancaires vont se développer.

La place de la Concorde.

À côté de cette ascension économique, la misère s'accroît dans certaines couches sociales, entraînant avec elle l'alcoolisme et les maladies contagieuses. L'aide sociale commence à s'organiser et de grands travaux ont lieu dans les hôpitaux.

L'enseignement aussi se développe, grâce à l'action du clergé, mais trop de personnes restent encore analphabètes. Les enfants sont plutôt envoyés dans les usines qu'à l'école.

C'est le roi Louis-Philippe qui ordonne les travaux d'embellissement de la place de la Concorde. L'obélisque de Louxor (Égypte) y est érigé en 1836.

Pendant le règne de Napoléon III, c'est-à-dire le Second Empire, deux expositions universelles ont lieu à Paris : en 1855 et en 1867. Les Parisiens et les visiteurs du monde entier peuvent venir admirer les grandes découvertes industrielles du 19e siècle et les dernières réalisations techniques.

Napoléon III demande au préfet de Paris, le baron Haussmann, de redessiner la capitale en y traçant de grandes artères, en l'aérant et en démolissant les quartiers vétustes et insalubres. Les axes des grands boulevards sont créés. Ils permettent de se déplacer plus facilement dans Paris. Les gares agrandies favorisent les échanges avec la province (les régions, en France).

Imposant, somptueux, de style néobaroque, l'Opéra Garnier est le monument le plus représentatif du style Second Empire.

Les Halles sont réaménagées et construites avec des matériaux nouveaux : le fer, la fonte et le verre.

Une nouvelle forme de magasins voit le jour à Paris. Ce sont les grands magasins : *Le Bon Marché*, *La Belle Jardinière*... Ils connaissent un énorme succès car les éventuels clients peuvent – chose insolite à l'époque – entrer et regarder sans acheter, et les prix, autre nouveauté, sont indiqués sur les produits.

L'Opéra Garnier.

En 1870, la guerre franco-prussienne[1] entraîne la chute du Second Empire ; elle est suivie par un traité de paix désastreux pour la France.

La nouvelle Assemblée des députés, en choisissant de siéger à Versailles plutôt qu'à Paris, suscite un grand mécontentement surtout parmi les classes pauvres déjà éprouvées par la guerre.

Un Conseil général de la Commune siège à l'hôtel de ville et c'est l'insurrection. Les communards et les versaillais s'affrontent dans une capitale mise à feu et à sang. Les insurgés sont fusillés.

Après des débuts difficiles, la nouvelle république, qui doit faire oublier aux Parisiens et au monde la victoire des Prussiens, l'insurrection de la Commune et la guerre civile, reconstruit une grande partie de la ville. Les derniers grands travaux entrepris sous le Second Empire par Haussmann (le grand magasin *La Samaritaine* ou *Les Grands Magasins du Louvre*) sont achevés.

La traction à vapeur améliore considérablement les transports en commun : tramways, funiculaires (il y a de nombreuses collines à Paris), omnibus et bateaux transportent d'innombrables voyageurs qui se déplacent rapidement d'un point à l'autre de la ville.

Depuis 1873, un énorme ex-voto en marbre spécial qui blanchit à la pluie est en construction sur la butte de Montmartre. C'est la basilique du Sacré-Cœur, érigée pour remercier Jésus d'avoir épargné Paris pendant la guerre franco-prussienne.

---

1. **La guerre franco-prussienne** : guerre entre la France et l'Allemagne, dont faisait partie la Prusse.

Dans le ciel de la capitale, une étrange tour de fer s'élève petit à petit et inquiète beaucoup les promeneurs et les habitants. L'ingénieur Eiffel, qui l'a projetée, assure qu'elle sera prête pour l'Exposition universelle de 1889 – qui commémore le centenaire de la Révolution française – qu'elle tiendra debout et qu'elle sera... démontée après l'exposition!

La tour Eiffel en construction, 1888.

C'est bientôt la fin du siècle. Les étudiants et les ouvrières viennent danser dans les bals populaires qui fleurissent à Montmartre et dans d'autres quartiers. Au Moulin Rouge, on peut admirer les danseuses de cancan qui se déchaînent sur les musiques d'Offenbach. Les cafés-concerts et les cabarets sont nombreux. C'est le début de la Belle Époque, une longue période d'insouciance et d'euphorie qui franchit le seuil du 20e siècle et ne laisse nullement présager l'horreur de la Première Guerre mondiale.

Le Moulin Rouge.

La lettre volée

CHAPITRE 1 La recherche de la lettre

C'était l'automne 18... J'habitais chez mon ami Auguste Dupin. Nous étions dans la bibliothèque, silencieux. Dupin semblait occupé à contempler la fumée qui sortait de sa pipe. Soudain, la porte s'ouvrit et monsieur G., le préfet de police, entra.

Il expliqua à Dupin qu'il voulait connaître son opinion sur une affaire délicate qu'il s'était engagé à résoudre.

— Une autre affaire ? demandai-je. Pas un meurtre, j'espère !

— Non, rassurez-vous, pas cette fois-ci. En réalité, il s'agit d'une affaire à la fois très simple et très bizarre. C'est pourquoi j'ai pensé que monsieur Dupin aimerait en connaître les détails.

— Simple et bizarre... dit Dupin.

— Oui, d'une certaine façon... Disons plutôt que, malgré sa simplicité, nous sommes incapables de la résoudre !

— C'est peut-être justement sa simplicité qui vous amène à vous tromper, dit mon ami.

— Quel non-sens dites-vous là, monsieur Dupin ! répliqua le préfet, en riant.

— Le mystère est peut-être trop clair, continua Dupin.

— Quelle idée absurde !

— Un peu trop évident...

— Ah, ah ! Vous m'amusez beaucoup, Dupin !

— Mais de quoi s'agit-il, enfin ? demandai-je, impatient.

— Je vais tout vous raconter, dit le préfet de police, mais avant de commencer, je dois vous dire que cette affaire demande la plus grande discrétion. Je peux perdre mon travail si on apprend que j'en ai parlé à quelqu'un.

— Nous vous écoutons, dis-je.

— Une personne de la cour m'a informé qu'un document de la plus haute importance a été volé dans les appartements royaux. On connaît le nom du voleur car on l'a vu prendre le document et on sait qu'il est encore en sa possession.

— Comment le savez-vous ? demanda Dupin.

— C'est très simple : s'il était en d'autres mains, certaines informations très confidentielles seraient devenues publiques. Ce document donne, à celui qui le détient, un pouvoir immense !

— Je ne comprends toujours pas, dit Dupin.

— Si le contenu de ce document était révélé à une certaine personne, cela compromettrait l'honneur d'une autre personne, très haut placée. Voilà pourquoi le voleur a un pouvoir énorme sur cet individu, dont l'honneur et la sécurité sont en danger.

— Le voleur sait-il que la personne volée l'a vu ? demandai-je.

— Le voleur est le ministre D., un individu sans scrupule, et le document est une lettre adressée à une grande dame de la cour. Le ministre a agi de façon très simple. Alors que cette dame se trouvait seule dans le petit salon royal et qu'elle lisait la lettre, un haut personnage est entré dans la pièce. C'est précisément cette personne qui ne doit pas connaître le contenu de la lettre. Comme la dame ne pouvait pas dissimuler la lettre dans un tiroir sans attirer son attention, elle l'a laissée sur la table, l'adresse en

La lettre volée

évidence mais le texte caché. À ce moment-là, le ministre est entré dans la pièce. Ses yeux de lynx ont aperçu la lettre et il a tout de suite reconnu l'écriture sur l'enveloppe. Devant le trouble évident de la dame, il a deviné qu'elle avait un secret. Après avoir réglé les questions habituelles, il a sorti de sa poche une lettre semblable à celle posée sur la table. Il a fait semblant de la lire, puis il l'a mise à côté de l'autre. Il a de nouveau discuté de choses et d'autres, puis, au bout d'un quart d'heure, il s'est emparé de la lettre compromettante, en laissant sur la table la lettre sans importance. Bien évidemment, la dame l'a vu mais elle n'a rien pu dire devant l'autre personne.

— Ainsi, dit Dupin, le voleur sait que sa victime l'a vu et que la lettre est entre ses mains.

— Depuis des mois, le ministre D. use dangereusement de son pouvoir à des fins politiques. La dame sait qu'elle doit absolument reprendre le document qui lui appartient, mais ne pouvant le

La lettre volée

faire ouvertement, elle m'a demandé de l'aider.

— Elle a très bien fait de s'adresser à vous ! déclara Dupin, dans un nuage de fumée.

— C'est vrai, je crois que vous avez raison ! dit le préfet, en souriant.

— Il est clair, ajoutai-je, que la lettre est encore dans les mains du voleur, puisque c'est précisément sa possession qui le rend si puissant. S'il devait utiliser la lettre, il perdrait son pouvoir sur la dame en question !

— En effet, dit monsieur G. J'ai donc fait une perquisition minutieuse de l'hôtel particulier du ministre. Fort heureusement, il passe souvent la nuit dehors, et ses domestiques, qui dorment dans une partie éloignée de la maison, sont peu nombreux et ont souvent trop bu. Je possède des clés qui ouvrent toutes les portes de Paris et, depuis trois mois, nous passons régulièrement la demeure du ministre au peigne fin mais sans résultat. Il faut reconnaître qu'il est plus rusé que moi, car je vous assure que mes hommes n'ont négligé aucun recoin.

— Le ministre ne cache peut-être pas la lettre chez lui, dis-je.

— Je ne crois pas, dit Dupin, car, vu la situation actuelle à la cour, il doit pouvoir la montrer - ou la détruire - très rapidement.

— Si la lettre ne se trouve pas dans la demeure du ministre, il la porte peut-être sur lui ! déclarai-je.

— C'est impossible ! Des hommes à moi, déguisés en voleurs, l'ont attaqué et fouillé deux fois, sans résultat.

— Le ministre n'est pas un imbécile, ajouta Dupin, et il a sûrement prévu des contrôles de ce genre !

— Ce n'est peut-être pas un imbécile, mais c'est un poète, ce qui est presque la même chose, décréta le préfet.

La recherche de la lettre

— Monsieur le préfet, donnez-nous donc les détails de vos perquisitions, lui dis-je.

— Nous avons fouillé partout. Inutile de vous dire que j'ai une longue expérience en la matière. Nous avons examiné l'hôtel particulier, pièce par pièce, toutes les nuits, pendant une semaine. Nous avons vérifié chaque meuble, chaque tiroir. Nous avons examiné les chaises et les fauteuils, sondé les coussins avec de longues aiguilles[1], soulevé le dessus des tables...

— Le dessus des tables ?

— Bien sûr ! Parfois, les gens retirent le dessus d'une table, introduisent un papier roulé du diamètre d'une aiguille à tricoter[2] dans le pied du meuble, puis ils replacent le dessus. C'est la même chose pour les montants des lits.

— Mais vous n'avez quand même pas démonté tous les

---

1. **Une aiguille :**

2. **Des aiguilles à tricoter :**

La lettre volée

meubles où il est possible d'enfiler un document du diamètre d'une aiguille à tricoter ! Un objet de cette forme peut être introduit dans un barreau de chaise, par exemple, et vous n'avez pas pu démonter toutes les chaises ! m'écriai-je.

— Bien sûr que non, mais nous avons fait beaucoup mieux ! Nous avons examiné les barreaux de toutes les chaises et les jointures[1] des meubles avec un microscope très puissant. S'il y avait eu le moindre trou ou la moindre trace de colle fraîche, cela aurait immédiatement attiré notre attention.

— Vous avez aussi contrôlé les miroirs, les lits, les rideaux et les tapis, n'est-ce pas ? demandai-je au préfet.

— En effet. Après les meubles, nous avons inspecté la maison, répondit le préfet. Pour ne rien oublier, nous avons divisé le sol en petites parties numérotées et nous avons utilisé le microscope.

— Vous vous êtes donné beaucoup de mal !

— Oui, mais la récompense en vaut la peine !

— Vous avez examiné le sol autour de la maison, je suppose ?

— Oui, le sol est entièrement fait en briques et la mousse[2] qui se trouve entre les briques est intacte.

— Avez-vous pensé aux papiers et aux livres du ministre ? demandai-je encore au préfet.

— Mais certainement ! Non seulement nous avons contrôlé chaque livre, page par page, mais nous avons aussi mesuré l'épaisseur de chaque couverture à l'aide du microscope.

— Vous avez contrôlé la tapisserie[3] ?

---

1. **Une jointure :** endroit où deux surfaces sont en contact.
2. **La mousse :** ici, plante verte et rase qui pousse entre les pierres.
3. **Une tapisserie :** tissu ou papier collé sur les murs.

— Oui.

— Et les caves ?

— Aussi.

— Alors, il faut en conclure que la lettre n'est pas chez le ministre, déclarai-je.

— Hélas, vous avez sûrement raison. Dupin, que me conseillez-vous de faire ? demanda le préfet.

— De procéder à une nouvelle perquisition !

— Mais c'est inutile ! La lettre n'est pas chez le ministre, j'en suis certain. Je connais mon métier !

— Je n'ai pas d'autre conseil à vous donner, monsieur le préfet. Vous avez certainement une description détaillée de la lettre ?

Pour toute réponse, le préfet sortit un carnet de sa poche et lut une description minutieuse de l'aspect intérieur et surtout extérieur du document, puis il nous quitta, beaucoup plus triste qu'à son arrivée.

CHAPITRE 2 Les techniques de Dupin

Un mois plus tard, le préfet nous rendit de nouveau visite. Comme la fois précédente, il nous trouva en train de fumer et de bavarder. Il s'assit et se mit à parler de tout et de rien.

Au bout d'un moment, je lui demandai :

— Eh bien, et la lettre volée ? Avez-vous résolu l'affaire ?

Le préfet devint pâle.

— J'ai recommencé la perquisition de l'hôtel du ministre, comme me l'a conseillé Dupin. Sans résultat.

— De combien est la récompense ? demanda Dupin.

— Il s'agit d'une énorme récompense, une somme vraiment impressionnante, mais je ne préfère pas vous dire combien exactement. Je vais quand même vous dire une chose : je suis disposé à offrir cinquante mille francs à la personne qui me trouvera cette lettre. Ce document devient tous les jours plus précieux et la récompense a été doublée dernièrement. Mais même si la somme était triplée, je ne pourrais pas faire plus que ce que j'ai fait jusqu'à présent !

— En êtes-vous sûr ? demanda Dupin. Je pense au contraire que vous pourriez faire un petit peu plus !

— Et comment ?

— En demandant conseil à quelqu'un, par exemple.

— Mais je suis disposé à demander conseil et à y mettre le prix ! Je paierai réellement cinquante mille francs de ma poche à la personne capable de m'aider !

— Dans ce cas, dit Dupin, faites-moi un bon de cinquante mille francs ! Je vous remettrai ensuite la lettre.

J'étais stupéfait. Le préfet, lui, avait la bouche ouverte et les yeux hors de la tête. Il signa le bon de cinquante mille francs et le tendit à Dupin, qui l'examina rapidement et le mit dans son portefeuille. Il ouvrit un tiroir, prit la lettre et la tendit au préfet. Le préfet examina le contenu du document. Il était fou de joie ! Il sortit de la pièce en courant.

— La police parisienne, m'expliqua Dupin, est rusée, ingénieuse et persévérante. Elle sait faire son travail, et quand monsieur G. nous a raconté sa manière de perquisitionner, je savais qu'il s'agissait d'une excellente perquisition... mais dans les limites de sa spécialité !

— Dans les limites de sa spécialité ? répétai-je.

— Oui, car si la lettre s'était trouvée dans le champ de leur investigation, elle ne lui aurait certainement pas échappé. Les mesures adoptées étaient bonnes, mais elles ne pouvaient pas s'appliquer au cas en question ni à notre voleur.

Beaucoup d'écoliers raisonnent mieux que le préfet. J'en ai connu un qui était très fort au jeu du « pair ou impair ». Rappelez-vous : chaque joueur tient des billes[1] dans sa main et demande à un autre joueur s'il s'agit d'un nombre pair ou impair. L'écolier dont je parle gagnait toutes les billes de l'école ! Sa tactique

---

1. **Une bille** : petite sphère généralement en verre.

La lettre volée

consistait à mesurer l'intelligence de chaque adversaire. S'il avait en face de lui un adversaire qu'il jugeait peu intelligent, notre écolier concluait que la tactique de l'adversaire serait de changer, la fois suivante, le nombre pair en impair, ou vice versa. Un joueur plus intelligent, au contraire, ne changeait rien. Ce que ses camarades considéraient comme de la chance était simplement dû à la faculté de l'écolier de se mettre à la place de ses adversaires et de prévoir ainsi leurs mouvements. Voilà l'erreur du préfet et de ses hommes : d'une part, ils ne sont pas capables de se voir tels que les voit et les juge le ministre, et d'autre part, ils sous-estiment l'intelligence de cet individu. Quand le préfet et ses hommes cherchent un objet, ils pensent simplement de quelle façon eux-mêmes l'auraient caché. Leur perspicacité est à la mesure de celle de la plupart des gens. Ils emploient toujours les mêmes méthodes, en les intensifiant lorsque c'est nécessaire. Le préfet part de l'idée que tout le monde cache un objet dans un endroit d'accès forcément difficile. Le succès de leur recherche ne dépend pas de leur intelligence, mais de leur patience. Si le préfet n'avait pas considéré le ministre comme un idiot pour la simple raison que c'est aussi un poète, il n'aurait pas été trompé. Si tous les sots sont des poètes, il n'est pas dit que tous les poètes soient forcément des sots !

— Mais, en réalité, c'est son frère qui est poète, déclarai-je, lui est mathématicien.

— Il est les deux, répondit Dupin. D'ailleurs, si le ministre n'avait été qu'un mathématicien, le préfet aurait découvert la lettre tout de suite.

— Vous m'étonnez ! Depuis des siècles, l'esprit mathématique est considéré comme l'esprit de la raison !

— C'est ce qu'ont voulu nous faire croire les mathématiciens !

— Expliquez-vous mieux !

— Les mathématiciens ont fait de leurs vérités spécifiques des vérités générales. Je ne croirai jamais un mathématicien, exception faite pour ce qu'il sait des racines carrées[1] !

Je me mis à rire et Dupin poursuivit.

— Je connaissais le ministre comme mathématicien et comme poète, c'est pourquoi j'ai adapté ma façon de voir les choses à la sienne, en tenant compte aussi des circonstances dans lesquelles il se trouvait.

— Continuez ! m'écriai-je, très intéressé par la démonstration de mon ami.

— Rappelez-vous ! Cet homme est un fin politicien. Il connaît donc parfaitement les méthodes de la police. Il sait qu'il va être fouillé et que sa demeure va être perquisitionnée. C'est pour cette raison qu'il s'absente si souvent ! Il veut laisser le préfet faire ses recherches en toute tranquillité, car il souhaite que la police se persuade que la lettre n'est pas chez lui !

Il choisit une cachette qui ne ressemble absolument pas à toutes les cachettes traditionnelles que connaît la police, et le tour est joué ! Vous souvenez-vous du rire du préfet quand je lui ai dit que le mystère de cette affaire était peut-être trop clair, trop évident ?

Il existe un jeu qui consiste à faire deviner un nom géographique sur une carte : un fleuve, une ville, un pays... Un débutant a tendance à choisir, pour désorienter ses adversaires, un nom écrit en petits caractères, qui se perd au milieu des

---

1. **Une racine carrée :** $\sqrt{\ }$.

La lettre volée

couleurs de la carte. Celui qui joue depuis longtemps préfère, au contraire, les mots écrits en gros caractères, bien visibles. Les gros caractères sont tellement évidents qu'on ne les voit pas !

Voilà ce que n'a pas compris le préfet. Il n'a jamais pensé que le ministre avait placé la lettre à la vue de tous... pour mieux la dissimuler ! En fait, il ne l'avait pas cachée du tout !

CHAPITRE 3

La solution

Avec toutes ces idées en tête, je décidai donc d'aller rendre visite au ministre. Nous nous étions rencontrés à Vienne, il y a quelques années. Il m'avait joué un mauvais tour[1] et je lui avais dit que je m'en souviendrais !

Je portais des lunettes aux verres sombres pour ne pas que le ministre voie mes yeux.

Je pouvais ainsi inspecter minutieusement la pièce pendant que nous discutions. J'examinai tout d'abord un grand bureau sur lequel se trouvaient des lettres, des documents et deux livres. Aucune trace de la précieuse lettre.

Tandis que mon regard faisait le tour de la pièce, je notai un misérable porte-cartes suspendu au-dessus de la cheminée. Il y avait, dans les différents compartiments, quelques cartes de visites et une lettre. Cette lettre était sale, froissée[2], et en partie déchirée... comme si quelqu'un avait voulu la détruire puis avait changé d'avis.

1. **Un mauvais tour** : action contre quelqu'un.
2. **Froissé** : qui n'est pas lisse.

La lettre volée

Elle semblait être là depuis longtemps, oubliée, comme un objet sans valeur.

J'étais sûr que c'était la lettre que je cherchais ! Pourtant, elle ne ressemblait pas du tout à la lettre que le préfet avait décrite. En effet, le sceau de la lettre volée était petit, rouge, avec les armoiries[1] ducales de la famille S., alors que celui-ci était grand, noir et avait un « D » gravé au centre. Cette lettre était adressée au ministre D., et l'écriture fine devait être celle d'une femme, alors que l'écriture sur la lettre volée était, selon le préfet, ronde et décidée, et l'adresse était celle d'une personne de la cour.

Toutes ces différences étaient trop évidentes pour être vraies. L'état de la lettre, qui contredisait les habitudes méthodiques du ministre, le fait qu'elle était trop exposée aux yeux des visiteurs, comme le mot à deviner sur la carte géographique, et ses contours, qui montraient qu'elle avait été dépliée, repliée à l'envers, puis remise dans une enveloppe ! Tout cela prouvait clairement que j'avais raison : cette lettre était bien la lettre volée.

— Qu'avez-vous fait, alors ?

— J'ai quitté le ministre en laissant cependant sur son bureau ma tabatière[2] en or. Le lendemain, je suis retourné chez lui pour la reprendre.

Alors que nous étions dans la pièce où se trouvait la lettre, une forte détonation éclata dans la rue et on entendit des cris. Pendant que le ministre ouvrait la fenêtre pour voir ce qui se passait, je mettais rapidement la précieuse lettre dans ma poche

---

1. **Les armoiries** : emblèmes d'une famille noble ou d'une ville.
2. **Une tabatière** : boîte où l'on met le tabac.

et plaçais, dans le porte-cartes, une lettre semblable. Bien évidemment, la détonation était une simple mise en scène pour détourner son attention. J'avais tout prévu !

— Mais pourquoi ne pas avoir pris la lettre le premier jour ?

— Le ministre est un homme très fort et très dangereux. Ses domestiques sont prêts à mourir pour lui et je ne serais pas sorti vivant de son hôtel. Aujourd'hui, au contraire, je savoure le plaisir de savoir que la dame qu'il faisait chanter est libre, qu'il se sentira humilié quand il ouvrira la lettre et furieux quand il lira, au beau milieu de la page, en reconnaissant mon écriture :
« Rira bien qui rira le dernier ! »